お笑い芸人が教える

みんなを笑顔にしちゃう話し方

ネタ作家
芝山大補
著

オオタヤスシ
マンガ・イラスト

えほんの杜

はじめに

はじめまして、ネタ作家の芝山大補といいます。元お笑い芸人で、今は芸人さんのネタを作るネタ作家というお仕事をしているんだ。そんな僕は、**お笑い芸人が使っているコミュニケーションの技術**を伝える活動もしているよ。そして、それらの技術がＳＮＳや本などを通じて広がって、今では「コミュニケーションの悩みがなくなった」とか「会話するのが楽しくなった」とか、たくさんのありがたい声をもらえるまでになったんだ。

会話ってさ、人間が生きていたら当たり前にするものだよね。だからこそ、「たかが会話」って思ってる人がすごく多い。でもね、会話は**言葉ひとつで誰かを元気づけたり、笑顔にできる素晴らしいもの**なんだよ。反対に、**何気ない一言が原因で友達を怒らせたり傷つけたりする危険なもの**でもある。これを思うと、僕は「たかが会話」なんて、とても思えないんだ。

お笑い芸人の仕事は、会話を武器に人を笑顔にすることなんだよ。だから、**会話のプロフェッショナル**といっても過言じゃない。その芸人さんの技術をキミが扱えるようになれば、友達を笑顔にできるだけじゃなく、イヤなことや傷つくようなことを言われても、上手にかわせるようになるはず。そして、コミュニケーションの悩みは減り、どんどん魅力的な人になり、**キミの周りにたくさんの人が集まってくるようになるよ**。

会話の素晴らしさ。人とコミュニケーションする楽しさ。それをこの本で学んで、キミの人生に活かしてほしいな。さぁ、この本を読んで、キミ自身もキミの周りの人も、どんどん笑顔にしていっちゃおう!!

芝山大補

もくじ

第2章

人気者になれる！
友達をハッピーにする技術

第3章

自分の心をまもる！
イヤな言葉への返し方

第4章

自分の意見を伝える！ 言いにくいことの伝え方

第5章

知ってると得する！ その他の色々なテクニック

第0章 会話タイプ診断

診断してみよう

会話上手への近道は自分の個性を知ること

キミは会話する時に、個性を最大限に活かそうとしているかな？ **会話が上手な人は自分の個性を活かしているよ。**

例えば、自分がその場を仕切ったり、まとめたりするのが得意だと理解していたら、「委員長」や「キャプテン」に向いていることが分かるよね。それと同じように、自分の個性を知っていれば、**会話をする時も個性を活かした話し方**ができるようになるんだよ。

キミは、自分がどんな個性を持っているか、まだ知らないんじゃないかな？ でも、安心して！ そんなキミに、**個性が分かる会話タイプ診断**を作ってみたよ。これは多くの芸人さんを分析して作ったもので、この診断をするだけで、**自分がどんなタイプの人間なのか**分かるんだ。

キミはどのタイプになるかな？ さっそく診断してみよう！

会話タイプ1
自由気ままな
むじゃきタイプ

会話タイプ2
いつもホンワカ
天然タイプ

会話タイプ3
むじゃきで
リーダーな
万能タイプ

この診断は、きっとキミの人生のヒントになるはずだよ！

会話タイプを

スタート

親によく褒められる	はい →	思いついたことはすぐ口に出す	はい →	どちらかというとわがままな方だ	はい →
いいえ ↓		いいえ ↓		いいえ ↓	
人に気を遣わない方だ	はい →	顔に感情が出てしまう	はい →	自分の発言で笑いが起きるけど、なぜか分からない	はい →
いいえ ↓		いいえ ↓		いいえ ↓	
あまりイジられない方だ	はい →	ルールを守らない人がいても気にならない	はい →	よくしゃべる	はい →
いいえ ↓		いいえ ↓		いいえ ↓	
会話タイプ⑥ ちょっかいを出したくなる愛されタイプ		会話タイプ⑤ 頼りがいのあるリーダータイプ		会話タイプ④ いるだけで周りを幸せにする癒しタイプ	

会話タイプ 1

自由気ままな

むじゃきタイプ

どんなタイプ？

目立ちたがり屋で、人気者に多いタイプだよ。基本的に明るい性格で**超ポジティブ**な上に、ユーモアのセンスだってある。人にちょっかいを出したり、いたずらしたりと、いつも誰かにかまってほしい、**かまってちゃん**でもあるね。ちょっとわがままで幼稚なところもあるけど、そんな**飾り気のない性格**が親しみやすさになっているよ。

相性が良いタイプは？

【むじゃき】がちょっかいを出すと、【愛され】はお得意の可愛いリアクションを取ることができるから、**笑いを生むにはベストな関係性**なんだ。ただし、ちょっかいを出しすぎると【愛され】に怒られちゃうから、ほどほどにしてね。

責任感のある【リーダー】と、ちょっと無責任なところがある【むじゃき】は、**お互いの欠点を補う**ことができるよ。例えば、【むじゃき】は場を仕切るのが苦手なんだけど、そんな役を【リーダー】は進んでやってくれる。【リーダー】が仕切ってくれる場なら、【むじゃき】は**伸び伸びと発言できる**から、お互いの魅力がアップするんだよ。

しばニャンのアドバイス

屈託のない性格が魅力だから、**人に気を遣いすぎない**方がいいよ。どちらかといえば、少しくだけたコミュニケーションをした方が【むじゃき】の魅力がグンと上がるんだ。「気を遣わないこと」が「気を遣わせなくなること」に繋がることを知ろう。ぜひＰ１０８～の**【初対面の人と話しやすくなる方法】**を参考にしてみてね。

また、【むじゃき】は調子に乗りすぎて怒られることが多めだよ。悪いことをした時は、誠意をみせてきちんと謝ろうね。

会話タイプ
2

いつもホンワカ

天然タイプ

どんなタイプ？

自由奔放な性格。自分の失言や失敗で爆笑が起きがちだから、周りから面白がられて人気者になることが多いよ。その反面「不思議な子だから、どう接していいか分からない」という意見も。また、自分の失敗で笑いが起きても、その理由を理解できないことが多く、自分は**常識人だと思っている**よ。自分の言いたいことを伝えるのが苦手で、意外に頑固。

相性が良いタイプは？

【リーダー】タイプがいてくれれば、自分のミスや言い間違いなどを訂正してくれるから、**失敗が笑いになりやすくなる**よ。

また、たとえ失礼な発言をしてしまっても、【愛され】タイプなら、可愛らしいリアクションを取って、**空気を和ませてくれる**はず。

【天然】タイプの失敗が面白くならない時は、こういったタイプの人が周りにいないことが多いんだ。だからこそ、自分を輝かせてくれる存在は誰なのかを把握しておいて、そういう人となるべく一緒にいることを心がけよう。

しばニャンのアドバイス

【天然】タイプは、**生きているだけで人を笑顔にさせられる人**。そんな魅力的な人なのに、「失敗したくない」とか「みんなと同じだと思われなくちゃ」などと思ってしまい、話せなくなっちゃう人が多いんだ。これは本当にもったいないよ！ **自分の失敗は、みんなの笑顔**だと思って、自分らしく伸び伸びと過ごしてほしいな。

あとは、自分の失敗を訂正してもらいやすいように、日頃から**人に優しくすること**を心がけてみて。周りから怖い人だと思われると、せっかく笑いになる面白い失敗をしても、誰も訂正してくれなくなっちゃうよ。そうなると、失敗はスルーされてしまうから、気をつけようね。

会話タイプ
3

むじゃきでリーダーな

万能タイプ

どんなタイプ？

【むじゃき】の特性と【リーダー】の特徴を併せ持った**オールマイティー**なタイプ。相手や場所、状況などによって、まるでカメレオンのように【むじゃき】と【リーダー】を使い分けられるので、どんな場面でも**器用に立ち回る**ことができるよ。だけど、よくキャラを変えるせいか、周囲から「どういう人なのか分からない」と思われてしまうことも。

相性が良いタイプは？

【むじゃき】と【リーダー】という2つの性質を持つ【万能】は、**どんなタイプとも相性が良い**よ。ただし、同じ【万能】タイプでも、**【むじゃき】の性質が多めの人もいれば、【リーダー】の性質が多めの人**もいるんだ。

つまり、相性の良いタイプが【むじゃき】と同じになる人もいるし、【リーダー】と同じになる人もいるってことだね。だから、P10～の【むじゃき】タイプと、P18～の【リーダー】タイプの説明をよく読んでみて、自分がどっちに寄っているのか判断すると、より良い相性が分かるよ！

しばニャンのアドバイス

自由自在にタイプを変えられるという、他のタイプにはない特徴を上手に活かすことが大切だよ。その場所や状況に足りない役割を素早く見極めて、その役割に自分を合わせてみよう。

例えば、その場に【リーダー】タイプが多いと感じたら、自分は【むじゃき】になりきって場を明るくすることに集中する。反対に、【むじゃき】ばかりの時は、その場をまとめる【リーダー】の役割を担当する。こんな風に、**その時に足りない役割を探して、積極的に補う**ようにしてみよう。そうしているうちに、必ず「あの人がいると助かる！」と信頼されるようになるはずだよ。

会話タイプ 4

いるだけで周りを幸せにする

癒しタイプ

どんなタイプ？

マイペースな平和主義者で、控えめな性格だよ。そのゆる〜い雰囲気から、誰もが一緒にいたいと思う陰の人気者。だから、周りの人から助けてもらったり、怒られるようなことをしても大目にみてもらえることが多いんだ。また、**聞き上手**だから聞き役になることが多い一方で、仕切ったり、自分から意見を言うのは苦手。たまに毒舌を言うことも。

相性が良いタイプは？

わりと、**どんなタイプとも相性が良い**けど、特に【愛され】と相性が良いよ。【愛され】は普段から何かと我慢することが多いから、【癒し】にグチを聞いてもらうと気持ち良く発散できるんだね。【癒し】も話を聞くのが好きだから、**お互いに良い時間を過ごせる**んだ。

また、正義感が強い【リーダー】も不満を溜めこみやすいタイプ。だから【癒し】の方から「大丈夫？」と聞いてあげよう。なかなか弱みを見せられない【リーダー】をサポートしているうちに、**頼りがいのある存在**になって、いざという時に助けてくれる仲間ができるよ。

しばニャンのアドバイス

どんな場面でも、決して**自分のペースを崩さないこと**がポイント。張り切りすぎてしまったり、誰かと自分を比べてしまったりすると、どうしても自分のペースが乱れやすくなってしまうよね。だから、**いつだってマイペース**のマインドを忘れないようにしよう。

また、他人のペースを乱すような、わがままで高圧的な人とは、基本的に相性が悪いので、できるだけ距離を取ることを心がけて。

会話タイプ 5

頼りがいのある

リーダータイプ

どんなタイプ？

とても真面目で**責任感が強い**タイプだよ。マメな性格で、**人をまとめたり仕切ったりするのが得意**だから、リーダーに向いているんだ。また、気持ちの切り替えが早くて、**視野が広い**（困っている人を見つけるのが早い）という特長もあるよ。一方で、自分の中のマイルールをとても大切にする傾向があって、それを破ったり乱したりする人には厳しくなりがち。

相性が良いタイプは？

自由奔放な性格が多い【むじゃき】や【天然】と組めば、**お互いの足りない部分を補う**ことができる良い関係になれるよ。

例えば、真面目な【リーダー】は、たびたび場の空気を重たくしちゃうことがあるけど、そんな時だって、【むじゃき】や【天然】がいれば、**明るい空気に変えてくれる**んだよ。少し真面目すぎる人は、ぜひ【むじゃき】や【天然】を頼ってみてね。

しばニャンのアドバイス

【リーダー】は何かと頼まれごとが多い。そして、責任感が強いので、頼まれたことは断れずに、無理してでもやろうとしてしまうんだ。でも、たまには**断らないと自分がパンクしちゃう**し、みんなに「全部リーダーに頼めばいいんだ」と思われてしまって、どんどん頼られるようになっちゃうよ。断るラインを決めて、たまには「それは知～らない」と**気楽に生きてみよう**ね。

あとは、人に頼られてばかりじゃなくて、たまには人を頼ってみよう！　人って**意外と頼られるのが好き**なんだ。だから、ピンチになったら、どんどん「助けて！」と応援を頼んでみて。人望がある【リーダー】のお願いなら、きっとみんな喜んで助けてくれると思うよ。

会話タイプ 6

ちょっかいを出したくなる

愛されタイプ

どんなタイプ？

とても優しい性格で、**人の気持ちを考えられる**タイプだよ。リアクションも可愛らしくて、**親しみやすい**から、周りの人からちょっかいを出されやすいんだ。また、なぜか怒られる標的になりやすく、ケアレスミスが多いという一面もあるよ。だけど、そんな気の毒な部分や、おっちょこちょいなキャラクターが、**みんなから愛される**理由になっているんだ。

相性が良いタイプは？

どちらも自分から発言するタイプだから、**受け身になりがち**な【愛され】とは相性抜群。何もしなくても【むじゃき】と【天然】が、どんどんしゃべってリードしてくれるから、きっと**会話するのがラクに感じる**はずだよ。

また、一緒にいれば、ちょっかいを出してもらえるから、**リアクションをするだけで笑いが巻き起こる状況**が作りやすくなるんだ。【むじゃき】や【天然】と一緒に過ごすことを心がけてみてね。

しばニャンのアドバイス

【愛され】は、自分から積極的に行動を起こすよりも、**受け身でいる方がラクに感じる**タイプ。そして、受け身でいるためには、人からちょっかいを出してもらった方がいいから、怖い人だと思われそうな言動や行動はやめた方がいいよ。自虐ネタや自虐トークなどを上手に使って、親しみやすい印象を与えて、早めにちょっかいを出してもらえるキャラを確立しよう。

また、【愛され】には、ついつい失敗などを隠したがるというクセがあるんだ。みんなに「すごいな～」と尊敬されたい気持ちは、よく分かるよ。だけど、**カッコ悪い姿を見せた方が親しみがわきやすい**んだ。だから、失敗すると結果的に愛されるようになる、ということは覚えておいてね。

いっぱいチャレンジして自分の個性と向き合おう

さて、キミは何タイプだったかな？　納得できた人も、そうじゃなかった人もいると思う。でも、最初は誰だってよく分からないところからスタートするんだ。色々なことにチャレンジしていくうちに、**自分が向いていること向いていないこと**が、もっとはっきりするはずだよ。

つまり、「委員長」をやってみて「めんどくさい」「まとめるのが苦手だな」と感じても、そのチャレンジは無駄にならないってこと。だって、チャレンジしたからこそ、自分の苦手なことに気づくことができたわけだからね。

だから、どんどん色々なことにチャレンジしてほしいな。それが**自分の個性と向き合うこと**に繋がるよ。

また、自分のことを客観的に見るのが苦手な人は、診断結果がいまいちしっくりこないかもしれない。そういう時は、一番身近な家族や友達に代わりをやってもらおうね！

挨拶が遅くなったけど…
はじめまして、
僕はしばニャン。
この本を書いた
芝山先生の分身だよ。
よろしくね!

しばニャンプロフィール

会話タイプ
- 愛されタイプ

好きな食べ物
- 鉄火巻き

趣味
- カードゲーム

第1章

会話の基本マナー

友達に嫌われない! 1
リアクションや質問をしよう

～興味を示す行動①～ リアクションする

会話する時に、**相手に興味があること**をアピールしているかな？ 興味があることが伝わると、相手は安心してキミと話すことができるよ。そうすれば心地良くなって、どんどんキミと話したくなるんだ。

私は服が好きなの!

ふ～ん…

(楽しくないのかな?)

例えば、こんな風にキミが話している時に反応しない人がいたら、どう感じる?「僕の話ってつまらないのかな?」と感じたり「私に興味がないのかも」と思って、不安にならない?

会話では**自分がどんなことを話すか**も大切だけど、**相手を不安にさせないこと**の方が大事なんだ。

私は服が好きなの!

へぇ～そうなんだ!!

（うんうんと相槌を打ちながら）

そうなの～(楽しいな♪)

相手に興味を示す行動の1つめは、**相手の話にリアクションすること**。人が話している時は、首を縦に振って「うんうん」と聞いてることをアピールしてみて。そうすると、相手は「私の話に興味を持ってくれてる」と感じて、安心して話せるはず。

～興味を示す行動②～ 質問する

ジュースは何が好き?

ぶどうジュース

わかる!　ぶどうジュースって美味しいよね!

相手に興味を示す行動の2つめは、**質問すること**。質問は、相手に興味がないとしない行動なんだ。だからこそ、質問すると「相手に興味があるよ」ってアピールできるんだね。

質問に答えてもらったら、共感したり、疑問に思ったことをさらに聞いたりして、会話を広げていこう。

ポイント

質問に答えてもらったら、しっかりリアクションを!

ジュース何が好き?

ぶどうジュース

パンはどんなの好き?

でも、**質問しすぎには要注意**。一度にたくさん質問すればいいわけじゃないよ。連続で質問ばかりしていると、相手が疲れちゃうしね。

もっとやってみよう

大げさにリアクションしてみよう

リアクションには色々な種類があるよ。上級者向けテクニックを紹介するから、慣れてきたら挑戦してみてね。

怖い！
怖い！

え～!!!

怖い話だったら「怖い！　怖い！」、驚く話だったら「え～!!」みたいに、**少し大げさにリアクションしてみよう。**そうすれば、まるで話に引き込まれてるように感じさせることができるよ。相手はきっと「僕の話に夢中になってくれてる」と嬉しくなること間違いなし！

優しさを届けて良い世界にしよう

たまに、「相手に興味がないから質問しない」という考えの人がいるけど、最初は人に興味を持てない気持ちも分かるよ。でも優しい人は、誰に対しても**興味があるフリ**をしてくれるんだ。

キミだって、誰かに質問やリアクションをしてもらったことがあるはずだよ。それって、もしかしたら**その人の優しさ**だったんじゃないかな？　だったら、その優しさをもらったキミも、誰かに優しくしてあげようよ。そうすれば、世の中はどんどん良い世界になると思うんだ。

優しさでいっぱいの世の中ってステキだね★

友達に嫌われない!
2
聞かれたことは聞き返そう

よ、よぉ
あ…
ど、どこ行くの?
おばあちゃんの家
そ、そうなんだ、何しに行くの?
ご飯食べに
ご、ご飯って何だろうね?
しらない
え、えっと…おばあちゃんって何歳?
68歳
おばあちゃんの趣味は?
料理
おばあちゃんの生まれ故郷は?
秋田県
おばあちゃんの…
おばあちゃんの…
おばあちゃんの…
おばあちゃんの…
ちーん
どうしたの?

質問してもらった時に、答えるだけになっていないかな？ 会話はひとりが頑張って盛り上げるものじゃなくて、**みんなで協力して盛り上げていくもの**だよ。

どんなお菓子が好きなの?

ビスケットかな～

そうなんだ、ゲームはどんなのが好き?

シューティングかな～

そうなんだ～(質問考えるの疲れる～)

P24～の **[リアクションや質問をしよう]** でも伝えたと思うけど、**質問は「あなたに興味がありますよ」というメッセージ**でもあるんだ。それなのに、こんな風に質問させてばかりだったら、相手はキミとの会話を楽しめないよ。

どんなお菓子が好きなの?

ビスケットかな～キミは?

僕はポテチが好き

わかるわかる～美味しいよね!

ゲームはどんなのが好き?

シューティングかな～キミは?

僕はRPG!(楽しい!)

質問してもらった時は、質問をお返しするという心構えを持とうね。「質問を考えるのが苦手」という人は、まず**その質問をそのままお返しする**ことを心がけてみて。それだけでも、相手はうんとラクになるはず。

もっと やってみよう

□ トークのテーマを誘導してみよう

慣れてきたら応用編にチャレンジしてみてね。

～ってなことがあったんだよね

(あっ、旅行に行った話もしたいなぁ～)

そうなんだ

あのさ、この間旅行に行ったんだけど～

う、うん(僕の話は聞いてくれないの?)

無性に話したい時ってあるよね。でもずっと自分の話ばかりしていたら、相手から「自分勝手な人だ」なんて、レッテルを貼られかねない。そんな時は**質問をお返しする**を逆手に取ってみよう。

～ってなことがあったんだよね

(あっ、旅行に行った話もしたいなぁ～)

そうなんだ

あのさ、最近旅行に行った?

うん、温泉に行ったよ。楽しかったなぁ。

キミは?

僕もね、この間旅行に行ったんだけど～

これは、**質問を返してくれる**相手だけに使える応用テクニック。**同じ質問が返ってくる前提**で、自分が話したいテーマを質問すると、自分勝手な印象を与えずに自分の話ができるよ。質問のコツは、P104～の**[新しい環境で友達を作る方法]**も参考にしてみてね。

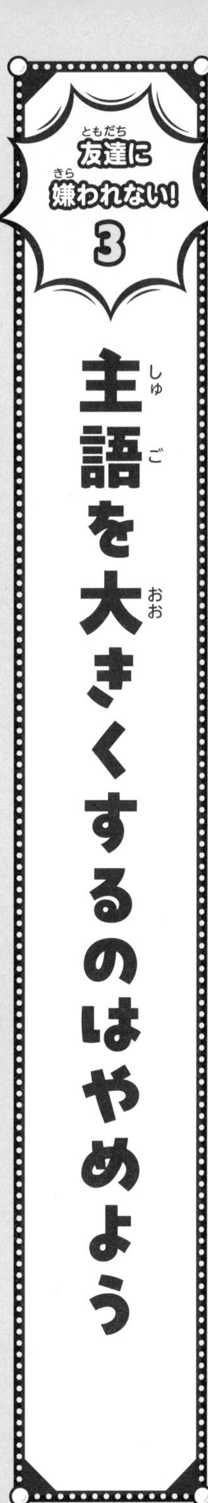
友達に嫌われない!
3
主語を大きくするのはやめよう

みんな聞いて!今度の劇は何やる?
桃太郎とかいいんじゃない?
えー!浦島太郎にしようよ!
むじゃきは浦島太郎がいいの?
みんな浦島太郎がいいと思ってるよ前にみんな言ってたもん!
チラッ
チラッ
今はかぐや姫の気分かも
別に浦島太郎はやりたくない
う〜ん…
し──ん
…。
ROCK
みんなー黙っちゃって、どうしたんだよー!!
わー
なんかこわいよっ

意見を言う時に主語が大きくなってないかな？　キミも「若者は言葉づかいが汚い」なんて、主語を大きくされちゃうと、「そうじゃない人もいるのにな…」って複雑な気分にならない？

A:みんな～休み時間何して遊ぶ?

B:野球は?

C:いや、ドッジボールにしようよ!　みんなもドッジボールがいいと思ってるはずだよ!　だって前にドッジボールしたいって言ってたもん

D:(今は野球したいな…)

E:(別にドッジボールしたくない)

例えば、遊びを決める時に、自分の意見を「みんなもドッジボールやりたいと思ってるから、ドッジボールしよう」なんて、**まるで全員の意見みたい**に伝えてない?　キミ個人の意見なのに、主語を大きくすると、友達をモヤモヤさせちゃうよ。

A:みんな～休み時間何して遊ぶ?

B:野球は?

C:僕はドッジボールしたいな

D:私は野球の方がいいかも

E:野球は苦手なんだよね

だから、自分の意見を言う時は「僕は～○○したい」「私は～○○したい」「個人的には～○○したい」と、**自分だけの意見**として伝えるクセをつけようね。

考えてみよう

なんで主語を大きくしちゃうんだろう？

主語を大きくしちゃう人は、こんな思い込みをしていることが多いよ。

みんなも私と同じことを考えているはず
みんなは意見を言いにくいはずだから、僕が代表して伝えてあげよう

気をつけよう！主語が大きい典型例

- 世間の人は～
- 日本人は～
- 僕たちは～
- 私たちは～
- 男性は～
- 女性は～

どちらも大きな勘違いだよね。だって人の意見は色々だし、頼まれてもないのに「みんなの意見を代弁しよう」だなんて、余計なお世話。意見を伝える時は主語を大きくしないことを心がけよう。

しばニャンからのお話

性格も意見も考え方も違うからこそ楽しい

人はそれぞれだから、**意見や考え方は違って当たり前**だよ。自分と違う意見だからって、「イヤだ」とか「否定された」と感じるんじゃなくて、「違う考え方があるから、面白い」と思えれば、主語を大きくする必要なんてないよね。

色んな意見や考え方があるから、人間は面白いんだよ！

友達に嫌われない！ 4

会話はキーワードで繋げよう

友達が話した後に続けて話をする時、**話題がもとのテーマと関連しているか**を意識できているかな？
会話が苦手な人は、会話の流れを考えずに話してしまいがちなんだ。

服を買ったんだ

今日は天気がいいね!

例えば、キミが「服を買ったんだ」と話した後に、「今日は天気がいいね」と言われたら、どう思う？　話のテーマに関連がないから「なんで急に天気の話をしたんだろう?」って思っちゃうよね。

会話の流れを考えないと、無駄に疑問を抱かせてしまうんだ。

服を買ったんだ

僕はこの間、ゲーム買ったよ!

反対に、会話が上手な人は、このように**会話の流れ**を意識して話しているよ。これだと話題のテーマが「何かを買った話」で関連しているから、疑問を抱かず楽しく話ができるよね。

話題のテーマを繋げると、**盛り上がりやすい**というメリットもあるよ。

ポイント

会話はリレーだから、前の人のバトンを受け取ってから話すのを忘れずに

やってみよう

キーワードでそのまま繋げてみよう

ここからは、簡単に話題のテーマを繋げる方法を教えるね。一番簡単な方法は、**キーワードでそのまま繋ぐ**だよ。

電車に遅刻した

「電車」と「遅刻」という
キーワードから、
そのまま話を繋いでみよう。

電車といえば、
僕もこの間
電車に乗った時に～
(電車の話で繋げる)

遅刻といえば、
昨日は習いごとに
遅刻しちゃって～
(遅刻の話で繋げる)

豆知識

テレビのトーク番組は、全員の話を繋げるために、**キーワードやテーマ**が設定されているんだよ。

もっとやってみよう

その1 キーワードを広げて繋げてみよう

キーワードで繋ごうとしても、話が浮かばない時もあるよね。そんな時は、**キーワードをジャンルまで広げて繋げる**の出番だよ。この方法を使えば、電車の話を別の乗り物の話に繋げることだってできるんだ。

乗り物

・電車　・船　・バイク
・タクシー　・飛行機

電車に遅刻した

乗り物といえば、
この間
飛行機で～
(飛行機の話で繋げる)

その2 話にテーマをつけて繋げてみよう

キーワードを広げても繋げられない場合は、**話にテーマをつけて繋ぐ**を試してみて。

失敗した話
といえば～

電車に遅刻した

辛かった話
といえば～

「電車に遅刻した話」にテーマをつけるとしたら、「失敗した話」や「辛かった話」などにできるよね。**「相手の話をまとめると、どんな話かな？」**と考えてみるんだ。「失敗した話」や「辛かった話」なら、色々な話ができるから、繋げやすくなるはずだよ。

友達に嫌われない! 5
人の話が終わってから話そう

あのさ、この間さ、花火やったんだ!! それでさ〜!!
ニョキ
怪盗トーク、参上!!
バババーン
イジワル団 怪盗トーク
俺様なんか、打ち上げ花火やっちゃったぞ〜!! それでな〜!!
それでな〜 俺様はな〜 それでな〜…
すごいだろ すごいだろ!!
話を盗むなんてサイテーだよ
わー わー わー
あっちいこ。
やれやれ
話泥棒、ダメ絶対
ビシッ

キミは**人の話を最後まで聞いている**かな? ピンとこない人は、もしかしたら**話泥棒**になっているかもしれないよ!

この間ね、新幹線に乗ったよ! それで〜

そういえば、私は飛行機に乗って〜

人がしゃべっている途中なのに、話をさえぎって自分の話をする人のことを話泥棒と呼ぶよ。例えば、キミが電車の話をしている途中に、「電車で思い出したんだけど〜」と話を奪われたら、どう感じる? 「私が話していたのに…」ってモヤモヤするよね。P34〜の**[会話はキーワードで繋げよう]**で会話を繋ぐ大切さは伝えたけど、それは人の話が終わってから使うのが大前提なんだよ。

この間ね、新幹線で海に行ったよ!
たくさん泳いできたよ〜

(話が終わるまで待ってから)
いいなぁ〜楽しそう!
私も、この間、飛行機に乗ったんだ〜

こうして、相手の話が終わるまで待ってから自分の話に移れば、相手も会話を楽しめるよ。この時に注意したいのは、相手の話へのリアクションを忘れないこと。**必ず相手の話にリアクションしてから話し始めよう**ね。

友達に
嫌われない!
6

イジるのはやめよう

この間、家族でさぁ…
そうなんだ、家の場合は…
そういえば、癒しちゃんのお家って、すごい大家族なんだよ
え?
へえ!何人ぐらいいるの?
えっと えっと あの〜…
サッカーチームができるぐらい!
なんちて〜
もりすぎだよ〜
なんちて なんちて〜
そこまでじゃないよ〜

人に軽い気持ちで失礼なことを言っていないかな？ 失礼なことを言うことをコミュニケーションだと思うのは、絶対にやめようね。

キミってチビだよねー

（……気にしてるのに）

些細なひと言でも、傷つく人はいるよ。その傷のせいで学校に行けなくなったり、人が怖くなっちゃったらどうする？　そうなった時にキミは責任を持てるかな？
逆に、キミも傷つけられたら辛いよね。そして、辛そうにしているキミを見たら家族はどう思うだろう。きっと悲しむはず。相手にも人生があって家族がいる。キミの軽はずみな言葉が、その全てを壊しかねないんだ。

キミのお家すごい大きいよねー、お城ぐらい!

そこまでじゃないよ（笑）

どうしてもイジりたい時は、**相手の良いところを大げさに**イジってみよう。これをお笑い用語で**ほめイジリ**と呼ぶよ。
注意したいのは、自分は良いところだと思っても、相手は悪いところだと思っている可能性があること。だから、ほめイジりをする時は、相手がどういうことを言われるのがイヤな人なのか、分かるぐらい**仲良くなってから**にしてほしいな。

イジりとイジメは1文字違い そのことを忘れないでね

「テレビやYouTubeでは、お互いに失礼なことを言い合ったりしてるじゃん」って思ったかな？

それは十分に仲が良かったり、見えないところで、事前に「今日は、失礼なこと言うかもしれませんが、よろしくお願いします」と挨拶していたり、後で「今日は失礼なこと言って、すみませんでした」と謝っているからなんだよ。それだけじゃない。失礼なことを言われることが、お仕事になっている人もいるんだ。

つまり、**仲が良くないのに、挨拶や謝罪がないのに、仕事でもないのに、失礼なことを言われるなんて、あり得ない**ってこと。

人に失礼なことを言うことをお笑い用語で**イジり**というよ。イジメとイジりは文字で見ると1文字しか違わないけれど、その言葉の意味には大きな違いがある。同じように、**イジりはひとつ間違えるだけでイジメになってしまう可能性がある**ことも知っておいてほしいな。

このことをきちんと理解する人が増えれば、きっと救われる人も増えるはず。明るい未来を一緒に作っていこうよ！

第2章

友達をハッピーにする技術

人気者になれる!
1

感想＋行動で伝えよう

よかったら、このお菓子も食べてみて
どれどれ
美味しいねー
ポリポリ
ポリポリ
そっかー ありがとう…
ほんとだ！帰ったら、家族にオススメするね！
ポテトポリポリね!!
おいし〜♡
うん！またオススメのお菓子持ってくる

感想を言う時って、どう伝えているかな? ひと工夫して人気者になろう!

お菓子あげる
美味しい!(感想)

お菓子をもらった時に、ただ「美味しい!」って感想を伝えるのも悪くないよ。だけど、せっかくなら、**もっと相手を喜ばせたい**と思わない? ちょっとした工夫だけど、効果抜群の方法があるよ。

お菓子あげる
美味しい!(感想)
このお菓子、誰かにオススメするね(行動)

感想を伝えた後に、**自分ならどう行動するか?**まで付け加えてみよう。行動まで聞いた相手は、「自分がしたことが、相手を動かしたんだ!」と感じられて、とても嬉しい気持ちになるはず。
この場合だと、行動にあたるのは、お菓子を誰かにオススメすることだよ。

ポイント

相手を喜ばせたいなら**行動まで伝える**

やってみよう

行動の表現を考えてみよう

行動には、色々な表現があるよ。どんなものがあるか見てみよう。

僕がオススメした映画どうだった?
面白かったよ!(感想)
もう1回見に行こうかなって思ってるんだ(行動)

プレゼントあげる
わぁ、嬉しい!(感想)
家に帰ったら抱きしめるね(行動)

遠足どうだった?
楽しかったよ!(感想)
弟に自慢するつもり(行動)

豆知識

感想を求められることが多い芸人さんは、この方法で笑いを取ってるよ。
例えば、「学校の先生のことを『お母さん』って呼んでしまった話」を聞いた時の感想だったら、「うわ〜恥ずかしい! 俺だったら転校するわ!」と行動まで伝えてるんだ。

人気者になれる! 2
大げさに例えよう

僕の家、とても広いから遊びに来ない？
ふ～ん
すーん
いつかねー
え、リアクション、それだけ？
ガビーン
そうだ!!
僕の家、実は東京ドーム3個分ぐらいあるんだよ
そこまで広いわけないでしょー!!
じゃあ、遊びに来てみてよ
カキーン
みんなで野球しようよ！東京ドームだけに！

会話をしている時は、相手を楽しい気持ちにさせたいよね。そんな時は大げさに例えてみよう。

僕の家はサッカー場3個分ぐらい広いよ!

そこまで広いわけないでしょ〜(笑)

例えば、家の広さを表現する時に「僕の家は広いんだ」と普通に伝えるんじゃなくて、こんな風に伝えてみたらどうかな?

こう言われたら「そこまで広いわけないでしょ!」って思っちゃって、楽しく感じるよね。

楽しませる会話ができる人は、こんな風に**話を大げさにしている**んだ。

僕の家は広いよ!
部屋の数が10個もあるからね!

へぇ、すごいね…(本当かな?)

ただし、注意してほしいことが1つあるよ。これだと、**本当かウソか分かりにくい**よね?だから、相手は笑っていいのか分からなくて、困っちゃうかもしれないよ。誰もがウソだと思うように、**ありえないほど**大げさにしてね。

練習問題

じゃあ、空欄に大げさにした表現を入れてみよう。

Q1

僕は心が広いからね

▽僕の心は［　］ぐらい広いからね

Q2

昨日3時間も勉強したから、今日のテストは自信あるよ

▽昨日［　］時間も勉強したから、今日のテストは自信あるよ

Q3

僕は、ものすごく足が速いんだ

▽僕は、［　］ぐらい足が速いんだ

回答例

A1　僕の心は宇宙ぐらい広いからね

A2　昨日100時間も勉強したから、今日のテストは自信あるよ

A3　僕は、チーターぐらい足が速いんだ

色々なパターンが考えられそうだね

豆知識

とある人気芸人さんは「ギャグ何個あるの?」と聞かれて、大げさに「2兆個!」と答えて爆笑を取っていたよ。ギャグが2兆個もあるなんて、信じられないからね!

人気者になれる! 3

描写を追加しよう

会話で人を楽しませたいけど、**「面白いことを言うのは難しくて、自分には無理だよ〜」**と諦めている人はいないかな? そんな人も安心して!

テスト緊張した?

緊張した

面白いことを言わなくても、**会話で人を楽しませるコツ**があるよ。例えば、「テスト緊張した?」と聞いても、「緊張した」しか返ってこないと、なんだかつまらなく感じちゃうよね。なんでだろう? 原因は「緊張した」に**想像できる部分がないから**だよ。相手に想像してもらうためには、描写まで伝えることが大切だよ。

テスト緊張した?

緊張したよ〜! 手が震えたもん!

こうやって、緊張した時の描写も付け加えると「震える手」を想像できるから楽しくなるよ。しかも、笑わせようとしているわけじゃないから、「面白いことを言うのは難しい」と思っている人でも、気楽に使えるはず。

ポイント

友達に想像させるようにする

やってみよう

描写を探してみよう

じゃあ、どんな描写があるのか一緒に考えてみよう。

緊張した時の描写は、
緊張した時に起きることから考えてみるといいよ。

緊張した時に起きること

手や足が震える

言葉を噛んでしまう

冷や汗をかく

緊張した時に使える描写は、こんなにもあるんだよ。
もっと他の種類も見てみよう。

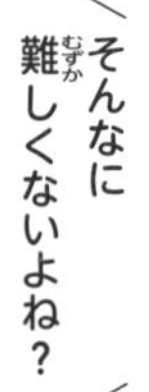

そんなに難しくないよね？

嬉しい時に起きること

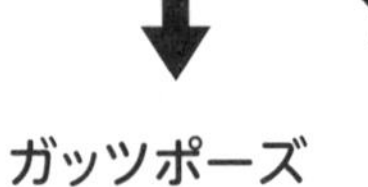

飛びはねる

ガッツポーズする

走り回る

他にもあるかも!?

悲しい時に起きること

涙が出る

ご飯が食べられない

眠れない

練習問題

描写を付け加える練習をしてみよう。

Q1 プレゼントをもらって嬉しかった!

Q2 欲しい服が売り切れてて悲しかった!

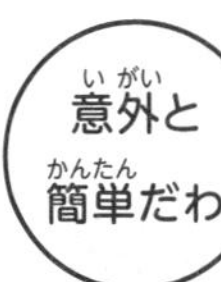

回答例

A1 プレゼントもらって嬉しかった! 思わず飛びはねちゃった

A2 欲しい服が売り切れてて悲しかった! ショックでご飯食べられなかったよ

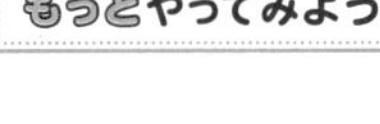

描写を大げさにしてみよう

このテクニックは、P47~の「大げさに例えよう」と組み合わせて応用することができるよ。

こんな感じで、**描写を大げさにしたら、さらに面白くなる**から、慣れてきたら使ってみてね。

テスト緊張した?
緊張したよ~!
僕の手が震えすぎて学校も揺れてたもん!

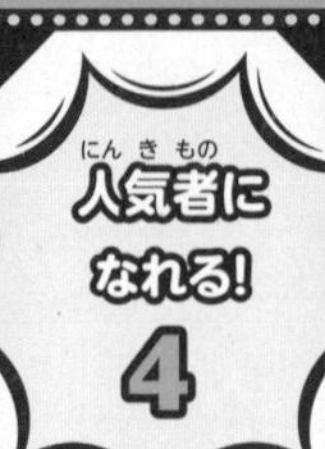

モノの気持ちを考えて話してみよう

・・・
この消しゴム、もう飽きちゃったから、あげようか？
え!?
そんなこと言って！消しゴムが泣いてるよ
ボワン
シクシク、買う時は気に入ってくれてたのに
消しゴムとのたのしかった日々…
あの思い出も消されるんだ…
うう…
やっぱりキミなしでは生きられないっ！飽きたなんて言ってごめんよー！
ガシッ
うわあああぁ ごめんよぉ おおおおお
良かったね消しゴムくん…

会話をもっと面白くしたい人には、**別の視点を持つこと**をオススメするよ。別の視点って何だろう？

このボールペン、いらないから捨てようかな

もったいないよ

例えば、友達が「ボールペン捨てようかな」と言った時に、キミならなんて返すかな？普通は「もったいないよ」とか、**自分の気持ち**を伝えると思うんだ。これが、**自分の視点**だよ。
じゃあ、別の視点を持つというのは、どういうことなのかを見てみよう！

このボールペン、いらないから捨てようかな

**もぉ〜そんなこと言って！
ボールペンめちゃくちゃ怒ってるよ！**

別の視点は、**自分以外のモノの気持ちを考えること**だよ。こんな風に、ボールペンの気持ちを伝えたら、誰もがクスッとなるはず。
その理由は、「モノはしゃべらないし、感情がない」という思い込みがあるからだよ。つまり、モノの気持ちを代弁するだけで、**意外性を生むことができる**というわけ。予想がつく発言と予想外の発言、どっちが面白いか分かるよね？

細かい描写まで加えてみよう

モノの感情を伝えるだけじゃなくて、**詳細な描写まで盛り込む**と、さらに面白くなるよ。

(メガネを見せながら)どう?
新しいメガネを買ったんだ!
今ごろ、前のメガネは枕を濡らしているだろうね〜

どうかな? 「前のメガネは泣いてるだろうね〜」とただメガネの感情を伝えるだけじゃなくて、枕で泣いていること、どのように泣いてるか? という詳細な描写を付け加えると、さらに面白くなるよね。
まずは、前のページで紹介した**モノの喜怒哀楽**からスタートして、慣れてきたら詳細な描写まで入れてみよう。

モノの気持ちを考えるコツ

モノに注目がいく話があった時に「**モノの気持ちはどうなんだろうか?**」と考えるクセをつけることが大事だよ。そうすれば、何気ない場面でも、モノの気持ちを考えられるようになるはず。

練習問題

最後に問題を出すよ。空欄にモノの気持ちを入れて、面白くしてみてね。

Q1
今度のお祭り、今日の服で行こうと思ってるんだ!
▽

Q2
この筆箱、もう古いから捨てようかな?
▽

Q3
あれ? さっきゴミ箱に捨てた紙、どこいった? やっぱり必要だったんだよね〜
▽

回答例

A1 服も喜んでるんじゃない?
A2 筆箱、泣きそうになってるよ
A3 さっき怒って出て行ったよ

人気者になれる! 5 会話に擬音を取り入れてみよう

キーンコーン
今日の給食……
すのもの
キュウリ入ってるし…
どうした?
具合悪いの?
違うの、苦手なキュウリが入ってるから気持ちが…
気持ちが?
ドヨ〜ン
ドヨーンとしてるの!!
キーンコーン
明日はいよいよ遠足だねー
おやつ何にしようかな〜!
あれ? 愛され君、目が赤くない?
実は昨日からずっと眠れてないんだ
どうして?
遠足にウキウキ&ワクワクしすぎて〜!
たのしみすぎるっ

話している相手に「楽しいな〜」と思ってもらいたいよね？ **伝え方を少し変えるだけ**で、簡単に楽しませることができるよ。

この間のテストだけど、
点数が悪くて悲しかったよ

悲しい気持ちを伝える時に、ただ「悲しい」と言うのは、ちょっと普通すぎないかな？ そんな時は、話し方にアクセントをつけるために、擬音を使ってみよう。

この間のテストだけど、
点数が悪くてガーンだったよ!

こうやって、悲しい気持ちを「ガーン」に変えるだけで、なんだか、**話し方にユーモアがある人**という印象になるんじゃないかな？ ありきたりな表現を少し変えるだけで、表現の幅がグッと広がるから、相手もキミと話すのが楽しくなるはずだよ。

ポイント

擬音は**会話のアクセント**になる

やってみよう

■擬音に変えてみよう

さっそく、擬音に変えられるものは、どんどん変えてみよう。

明日のお弁当、**楽しみだな**
↓
明日のお弁当、**ワクワクするな**

叱られたから気分が**落ち込んでいる**
↓
叱られたから気分が**ドヨーンとしている**

のどが**かわいたよ**
↓
のどが**カラカラだよ**

他にもいっぱいあるみたい

自分でも考えてみてね!

練習問題

次の文章に擬音を入れてみよう。

Q1 お母さんと買い物に行くから嬉しい

Q2 夜中に変な音が聞こえて怖かったよ〜

Q3 マナーの悪い人に注意できなくてイヤな気持ちになった

Q4 夏休みの宿題が残ってるからしんどい

回答例

A1 お母さんと買い物に行くから気分がルンルン♪

A2 夜中に変な音が聞こえてゾッとしたよ〜

A3 マナーの悪い人に注意できなくてモヤモヤした

A4 夏休みの宿題が残ってるからゲッソリしちゃう

褒められた時はもう一度言ってもらおう

人から褒められた時に、ついつい遠慮してないかな？ でも、褒められた時は**たくさん喜びを表現してほしい**んだ。

キミって、本当に歌が上手いよね！
すごいな〜
そんなことないよ

想像してみてほしいんだけど、喜んでほしくてプレゼントしたのに、相手の反応が薄かったらどう感じる？「プレゼントをあげないほうが良かったのかな？」って考えちゃうよね。
褒めるって、**言葉のプレゼント**なんだよ。みんな、**相手に喜んでほしくて褒める**んだ。それなのに遠慮したら「褒めない方が良かったのかな？」と不安にさせてしまうよ。

キミって、本当に歌が上手いよね！
すごいな〜
嬉しい！
あの〜もう1回言ってもらっていい？
欲しがり屋さんだな〜(笑)

だから、**褒められたら力いっぱい喜ぼう**よ。その方が相手も「褒めて良かった」と嬉しくなること間違いなし！
そして、褒められた時は、ぜひ相手に「もう1回言って！」とお願いしてみて。そうすれば、自分が喜んでいることも表現できるし、相手も楽しい気分にさせられるよ。

人気者への近道は褒め上手になること

人から褒められた時に、つい遠慮しちゃう気持ちは分かるよ。だって、お世辞かもしれないのに大喜びしたら「単純な人だな」と思われちゃいそうだもんね。

でも、前のページで説明したように、褒め言葉は相手からの言葉のプレゼントなんだ。プレゼントをもらって嬉しくない人がいないように、褒められたら誰だって嬉しいよね？　だから、褒められたら素直に思いきり喜ぼうよ。

それから、キミにも**人の良いところを見つけて、褒めてあげられる人**になってほしいな。なぜかって？　人を喜ばせるクセがつくと、たくさんの人がキミの「そばにいたい」と感じるようになるからだよ。キミの周りにいる人気者をよ～く観察してみて。きっとみんな例外なく褒め上手なはずだよ。

やってみよう

良いところに変換してみよう

実は、**人の良くないところは、良いところでもあるんだ。**

例えば、デリカシーのない失礼な人は、ウソがつけない素直な人ともいえるよね。友達の良くないところを見つけてしまった時は「別の捉え方はできないかな？」と頭を働かせてみてね。

また、これができるようになると、自分自身の良くないところも良いところに変換できるようになるよ。そうすると、**どんどん自分に自信が持てる**ようになっていくはず。

←ここに、自分や友達の良くないところを書いて、良いところに変換してみよう！

ちょっと休憩！

しばニャンのワンポイント講座

便利すぎる言葉を使わないようにしよう

みんな、**便利すぎる言葉**を使っていないかな？

便利すぎる言葉っていうのは、「ヤバい」「感動した」などのこと。キミも、普段ついつい使っていると思うんだ。でも、こういう言葉は便利な反面、表現の幅を狭めてしまう危険性があるよ。

例えば、美味しいラーメンを食べた時に「ヤバい！美味しい」しか言わない人と、「コクがあって、出汁に深みがあって、麺がモチモチしているから美味しい」って言う人だったら、どっちの方が気持ちが伝わるかな？

後者の方が美味しい気持ちが伝わってくるよね。つまり、便利な言葉を使ってばかりだと、せっかくの気持ちが伝わりにくくなってしまう。反対に**思ったことを具体的に伝えれば、表現の幅がどんどん広がっていく**はずだよ。

だから、たまにでもいいから、便利すぎる言葉を使わない日を作ってみて！　使っちゃったら罰ゲームみたいな日を自分から作って、楽しみながら練習するのがオススメ。そうすれば、自然と表現力が磨かれていくはずだよ。さぁ、今日から便利な言葉を捨てて表現を磨いていこう！

具体的に伝えるには…

- **「ヤバい」って言いたくなったら「どうヤバく感じた？」**
- **「感動した」って言いたくなったら「どう感動した？」**

こんな風に自問自答して、自分の気持ちをどんどん具体的にしてみてね。

第3章 イヤな言葉への返し方

自分の心をまもる!
1
ナルシストで返そう

あ
ガチャン
あぁー
やっちゃった…
ニョキ
大丈夫?
ヒャヒャヒャ!
お前ってドジだな!!
イジワル団
ワルグチオ
ヒドイ…
そうだ!
こんな時は
ナルシストに
なりきって…
うう…
泣いてんのか
オイ~
なんつって~!
そんなところも
好きなくせに~~!!
バッ
えー!?
何~?
天然ちゃんの
こと好き
なの~~?
てれてんの!
サッ
そんなんじゃ
ないよ~!
泣かなくても…
ダッ

イヤな言葉やヒドい言葉を言われて落ち込んだ経験はないかな？ そんな時の対処法を紹介するよ。

キミってドジだよね

ヒドイ!

イヤな言葉を言われた時は、家族や友達など、キミの**信頼できる人に話を聞いてもらう**のが基本。絶対に一人で抱え込まずに、身近な人に相談することが何よりも大事だよ。
でも、そこまで落ち込むわけじゃない「ちょっとイヤだな」ぐらいの言葉だったら、ナルシストに返してみて。相手を「アッ」と言わせることができるはずだよ。

キミってドジだよね

そういうところも好きなくせに〜!!!

「私は全然ナルシストじゃないから、ナルシストに返すなんて無理…」と諦めないで! ナルシストになるコツは、イヤな言葉を言った人は**「自分のことが好きなんだ」と思い込んでしまう**こと。
そうすると、自然と相手が可愛く見えて、ポジティブに捉えられるようになるよ。恥ずかしがらずに挑戦してみてね。

やってみよう

ナルシストになりきってみよう

色々な例をチェックして、今日からキミもナルシストになってみよう。

キミって、頭が悪いよね

僕と話したいなら、話したいって素直になった方がいいよ〜

キミって、足遅いよね

そんなことばっかり言ってると、もう私と話してもらえないぞ!

練習問題

実際にナルシストになりきって、返す練習をしてみてね。

Q キミの服装、変だよ

回答例

A 僕のことそんなに見てるの!? もぉ〜意識しすぎだってばーー!

自分の心をまもる! 2
自分のこととして捉えるのをやめよう

明日の練習なくなったの、知らなかったよー
ニョキ
イジワル団 カラカウゾウ
そんなことも知らないのかい？ バーカ！
うるさいっ!!
ドーン
ドカー
ケケッ
ムムッ
ぶるぶる
ぶるぶる
バーカ
バーカ
チラッ
おーい!! 誰かバカって言われてるよ〜！
バカってさー
何い…
ギャハハ
誰に言ったんだろうネ
ぐぬぬ…

友達に悪口を言われた時って、どうしてる？　ちゃんと**「そんなこと言わないで！」って注意できている**かな？

バーカ!

うるさい!　キミこそバカだろ!

悪口を言われて心が傷ついた時は、相手にしっかりと注意しよう。注意しても、悪口を言ってくる人はいるかもしれない。それでも**キミは悪口を言い返さない**でほしい。なぜかというと、悪口を言い返すとケンカになっちゃうし、何より**キミ自身もかっこ悪く見えちゃう**からなんだ。
例えば、「バーカ!」と言われたとして、「キミだって!」なんて言い返したら、周りの人はどう感じるだろう。「どっちもどっちだな」って感じるんじゃない?

バーカ!

(振り返って) 誰か～!
バカって言われてるよ～!

そんな時は、笑いの技術で受け流そう。こんな風に、自分のこととして捉えずに、**まるで他人事のように扱う**んだ。悪口に対して、こんな返し方ができれば、面白い人に思われるし、相手よりも一枚上手って感じがするよね。これは、**どんな悪口に対しても使える便利なテクニック**だから、ぜひ覚えておいてね。

言葉にしないと伝わらない!?

悪口を言われた時に相手に注意するのは、「心が傷ついたこと」をきちんと伝えないと、分からない人もいるからなんだ。

例えば、「バカ」って言われるのが平気な人は、「みんなも僕と同じように、バカって言われても何とも思わないはず」って勘違いしている可能性があるんだよ。つまり、人に対して「バカ」って言う人は、**その言葉で傷つく人がいることを想像できていない**ってことだね。

だからこそ、相手に「私はバカって言われるのは傷つくの！　言わないで！」って伝えるべきなんだ。そうすれば、分かってくれる人もいるはずだよ。

意外な部分を否定してみよう

ムキー！ウホウホー！
怒ってるんだから!!
ドスドス
ウホー
リーダーって、ほんとゴリラに似てるよね
誰がゴリラよ！いい加減にして！
やばい、ゴリラって言ったのはマズかった…
あちゃー、やっちゃったな
もぉ！ゴリラじゃなくて、ゴリィィィイラァァァァだから!!
リピートアフターミー
ゴリィィィラァァァ
え？そっち!?
言い方に怒ってたのか
アップルだって、正しくはアポォオォオーだし

意外な部分を否定してみよう

ヒドい言葉を言われた時に、ヒドい言葉を言い返すとケンカになっちゃうよね。そんな時は、どうしたらいいんだろう？

お前ってゴリラに似てるな

そんなキミはサルに似てるね

例えば、「ゴリラに似てるな」と言われた時に「キミはサルに似てるね」なんて、売り言葉に買い言葉をすると、そのまま言い合いに発展しちゃうよね。
そんな時は、**とにかく冷静になること**が大事。言い返したくなる気持ちをグッと抑えて「どうしたら笑いに変えられるか?」と考えるクセをつけよう。そうすれば、**ヒドい言葉も笑いに変えられる**ようになるよ。

お前ってゴリラに似てるな

いい加減にして!（怒ってる演技）

「お前」って言い方は失礼だよ!

そうはいっても、ヒドい言葉を笑いに変えるのって難しそうだと思ったキミは、**意外な部分を否定**してみて。こんな感じで、「ゴリラって言ったこと」に怒ってると思い込んでいる相手に「お前って言ったこと」を怒ってみよう。そうすると、周りの人は「え？ そっちの理由で怒ってるの?」と呆気にとられて面白くなるよ。

相手を裏切って意外性を作ってみよう

他にもこんな裏切り方があるよ。

お前ってゴリラに似てるな
いい加減にして!
(ゴリラに怒ってるはず)
ゴリラじゃなくて、ゴリィィィラァァァだから!(言い方の訂正をする)
言い方に怒ってたの?(笑)

キミって足遅いね! 亀みたい!
あのね!
(足遅いって言ったことに怒ってるはず)
私と一緒にしたら亀に失礼だから!
そっちで怒ってるの?(笑)

キミって頭悪いよね!
あんまり勉強してないんじゃない?
違うよ!
(頭悪いって言ったことに怒ってるはず)
「あんまり」じゃなくて、
「全然」勉強してないから!
もっとダメじゃん?(笑)

裏切るコツ

言われたヒドい言葉に対して、**「何に怒りを感じやすいのか?」を理解することが重要**だよ。それが分かれば、**それとは違うポイントを理由に怒る**だけ。他に否定できるポイントがない時は、別の方法で言い返そう。

自分の心をまもる! 4
コンプレックスは比較しよう

もうすぐ運動会
ひ〜ドタ
バタ
ドタ
大丈夫?
フー
癒しちゃんって足遅いね！
えーそうかなぁ
ちょっと…失礼じゃ…
たしかにチーターと比べるとそうかもねぇ
チーターさん
スタタタタタ
待ってよ〜

自分が気にしていることを指摘された時ってどうしてる？ どう返せばいいのか困っちゃうよね。

絵が下手だね～

ウッ（気にしてるのに）

例えば、キミが気にしているコンプレックスが絵が下手なことだとしたら、「キミって絵が下手だね～」って言われたら、「ウッ」となって言葉が詰まってしまわない？ でも、キミが言葉に詰まると、相手も「どうしたのかな？」と心配になっちゃうかもよ。
だから、コンプレックスの話になった時は、**もっとすごいものと比較**して笑いに変えちゃおう！

絵が下手だね～

ゴッホと比べたらそうだと思うよ

そりゃそうでしょ（笑）

こんな感じで、「絵が下手」と言われたら、世界的に有名な画家と比べてみよう。そうすると「そりゃ当たり前だろ」という笑いが生まれるんだ。これができれば、コンプレックスの話をされても**「笑いにするチャンスだ！」**と思えるようになるよ。

やってみよう

比較を考えてみよう

他の例もチェックして、理解を深めてみてね。

キミって静かだね

たしかに救急車のサイレンと比べると静かかも

キミって足遅いね

チーターと比べたらね〜

キミって頭悪いね

東大生と比べたらそうだと思うよ

すぐ言い返すコツ

まず、言われたらイヤな**コンプレックスを書き出してみよう**。そして、それを言われたら**どう返すか決めてしまおう**。そうすれば、その状況になった時に、すぐ返せるようになるよ。
芸人さんも、あらかじめどういうことを言われるかを想定して、なんて言い返すか決めているんだ。だから、何を言われてもすぐに面白い返しができるんだね!

周りを巻き込んでみよう

あぶねっ!
コッ
愛されって、ドジだよね~
ムッ
ヤバい! ケンカになる!?
ニコッ
誰か、この人にモラルを教えてあげて~!
ホッ
僕に任せろ~!
ドゴォ
えっ!?

ムカッとする一言に対して、どんな対応をしてるかな？ もしかして、言い返してない？

足遅すぎるよ～!

キミだって遅いくせに!

こんな風に、ムキになって言い返すのはかっこ悪いよ。実は、会話っていうのは相手と自分だけで考えてしまいがちだけど、**周りの人を巻き込むことも大事**。
例えば、相手から「キミは足が遅いね～」と言われた時に、相手に何かを言い返すだけじゃなくて、**近くにいる友達を巻き込もう**と考えてみて。

足遅すぎるよ～!

(周りに)誰か、この人のこと怒ってくれない?

こんな感じで、周りの人に「怒って」と頼んじゃおう。相手も周りを巻き込まれると、「あれ?　僕に言い返してこないの?」と驚くはず。
また、こうやって周りを巻き込める人は、**会話が上手く見える**んだ。色々な場面で応用がきくから、どんどん周りを巻き込んで会話上手になってね!

友達を巻き込んでみよう

周りの人の巻き込み方をいくつか紹介するよ。
参考にしてみてね。

キミのランドセルから
筆箱盗ったよ

(周りに)誰か警察呼んで〜!

キミってドジだね

(周りに)誰か、この人に
マナーを教えてあげて〜!

練習問題

最後に、どうやって
巻き込むか、自分でも
考えてみよう。

Q キミの服装ってダサいよね

色々な
巻き込み方が
考えられるね

回答例

A (周りに)この人に怒っていいかな?

自分の
心をまもる!
6
お医者さんに止められていることにしよう

宿題中…
しー…ん
10分後…
ぐだー…
ねえねえ、宿題なんかやめて、今から遊ぼうよ
えー そんなのダメだよー まだ宿題終わってないし
え～!? 遊ぼうよ～
じたばた
ごめんよー 僕も宿題サボることをお医者さんから止められてるんだ
なんで?
アレルギーが出ちゃうんだよね
ひ～～
ブツブツ
そんなわけないじゃん!
ギャハハハハ
んもー!
じゃあ、まずは宿題終わらせないとね
そうしよう!

何かを頼まれた時に「断りづらい」と感じたことないかな？ そんな時は、**周りのことなんか一切考えずに「やりたくない」って断っていい**んだよ。

なんか面白いことやってよ!

（ほんとはイヤだけど）いいよ…

例えば、友達から「面白いことやって!」と頼まれた時に、断りたくても「空気を壊したくない」とか「ノリが悪いと思われたくない」と考えてしまって、「いいよ」って言っちゃう人もいると思うんだ。
でも、イヤなお願いに対して一度「いいよ」って言っちゃうと、「イヤじゃないんだ。またお願いしよう」と思われてしまう。そうなると、**どんどんキミにイヤなお願いが集まってくる**ようになるんだよ。

なんか面白いことやってよ!

ごめ〜ん、
お医者さんに止められてるんだ

そうはいっても、断るのが苦手な人もいると思う。そんな人は、お医者さんに止められてることにして断ってみよう。つまり、**ドクターストップ**だよ。お医者さんから「面白い行為を止められている」と言えば、相手に「そんなわけないじゃん」と思われて、場を和ませることができるはず。そうすれば、**空気を壊さずに断れる**ね。

やってみよう

面白い断り方を探してみよう

他にはどんな断り方があるのか、一緒に考えてみよう。ドクターストップ以外にも使える人や断り方があるよ。

一緒に授業サボろうよ

ごめんね、授業サボるとアレルギーが出ちゃうんだ

ゲーム貸して

ごめん～占いで、ゲーム貸すと運気下がるって言われてるんだよね

しばニャンからのお話

キミの心を守る人はキミしかいないんだ

最初に、イヤなお願いをされた時は、周りのことなんか一切考えずに「やりたくない」って断っていいんだよって言ったよね。いいかい？ **キミが一番大事にしないといけないのは、周りの空気でも、友達の期待でもない。** **一番大切なのは、キミ自身の心**だよ。

キミの心が「イヤだ」と言っているのに、キミが「いいよ」って言っちゃうと、心が疲れていっちゃうよ。人との会話も大事だけど、それ以上に、**自分の心と会話すること**も大切にしてほしい。

何かモヤモヤすることが起きたら、自分自身に「どう思った？」「イヤじゃなかった？」と、問いかけてみて。そうやって、いつも自分の心に耳を傾けることを忘れちゃいけないよ。**キミの心は絶対にキミ自身で守る**んだ。

＼ちょっと休憩！／

しばニャンのワンポイント講座

2：6：2の法則を知っておこう

2：6：2の法則って知ってるかな？

これは、どんな人でも**2割の人から好かれて、6割の人からどちらでもないと思われて、2割の人には苦手と思われる**という法則だよ。キミは「みんなから好かれたい」なんて思っていないかな？　でも、この法則からすると、全員から好かれるのは、すごく難しいんだ。

それは、有名人でも同じだよ。どんな有名人でも、**必ず**アンチがいるよね。でもそれは、2：6：2の法則から考えれば、当たり前のことなんだ。

だから、苦手だと思われている2割の人に好かれる努力をするのではなく、**好かれている2割の人と、どちらでもない6割の人を大切にする努力**をしてほしいんだ。

自分のことが苦手な人に、どうにかして好きになってもらいたいと思う気持ちは、よく分かるよ。でも、そんな人と仲良くなるのは、めちゃくちゃ難しいんだ。だって、ありのままのキミを見て、苦手だと判断してるわけだからね。

だから、**ありのままのキミを好きだと思ってくれる仲間**と、も〜っと仲良くなることに時間を使ってほしいな。そういう人を大切にすることが、人生をより明るくしていくことに繋がると思うんだ。キミの周りに、どんどん気の合う仲間を増やしていこうね！

第4章

言いにくいことの伝え方

注意する時は自虐を交えよう

ルールを守らない人に注意する時は、伝え方に気をつけようね。なぜなら、**相手から怒りを買う可能性がある**からだよ。

図書室では静かにしなきゃダメだよ

ごめん（何だよ偉そうに…）

キミは注意されるのが好きかな？　そんなわけないよね。いくら「自分が悪い」と分かっていても、注意されたらへこむはずだよ。

同じ立場の同級生に注意されたら、なおさらだよね。だから、**注意する時は優しさや思いやりを大切にしてほしい**な。

図書室では静かにしなきゃダメだよ

ごめん

まぁ僕もお母さんに、よく「うるさいよ」って注意されるんだけどね

そうなんだ～！

例えば、図書室で騒がしくしている友達に、ただ「うるさい」「静かにしようよ」と注意するんじゃなくて、自虐ネタを加えてみよう。ここでの自虐ネタは、**自分の失敗した話で笑いを誘う行為**のこと。自虐で締めると、相手は注意をすんなり受け入れられるはず。なぜなら、「この失敗はよくあることだから、気にしないでね」という**優しいメッセージ**を感じられるからだよ。

練習問題

じゃあ、自虐ネタを加える練習をしてみよう。

Q ボール遊び禁止の場所でボール遊びをしている人に、どんな風に注意する？

注意する内容と同じ自虐ネタを考えよう

回答例

A ボール遊びしちゃダメだよ！　まぁ僕もこの間、家の中でボール遊びして怒られたんだけどね

変えやすいのは他人じゃなくて自分

注意された時は「自分が悪い」と受け止めなきゃダメなんだけど、**自分が悪いことを認められない人もいる**んだ。そういう人に注意すると、人のせいにしたり、逆ギレしたりする。これは、注意された事実を受け止めきれなくて、誰かに責任転嫁することで、**自分の心を守っている**んだよ。

生きていると、自分とは性格や考え方が違う人、理解できない人とも付き合わないといけなかったりする。でも、理解できないからといって、その人の性格を変えようとしても、無駄になることがとても多いんだ。

人の性格は簡単には変えられない。だから、そういう場面にブチ当たった時は、自分が変わろう。今回の例だったら、自分の間違いを認められない人には、キミ自身が伝え方を工夫すれば、何とかなるかもしれないよね。

前置きで褒めてから伝えよう

誰かが悪いことをしているのに注意できなかった経験ないかな？　それもそのはず、**注意したら嫌われちゃうかもしれない**もんね。

ちゃんと掃除してよ

うるさいなぁ

だからって、悪いことしている人を無視していいのかな？　例えば、キミは真面目に掃除しているのに掃除をサボっている子がいたら、キミばかり大変な思いをすることになっちゃうよ。それって辛くない？ **悪いことに対しては、きちんと注意しよう**よ。でも、なんの工夫もなく「掃除サボっちゃダメだよ!」なんて言うと、相手をイヤな気分にさせちゃうかも。

キミのこと大好きなんだけど、
一言だけ言っていいかな？（前置き）
ちゃんと掃除してほしいんだ（伝えたいこと）

分かったよ!（僕は好かれてるんだ!）

相手に嫌われないか不安な時は、こんな感じで、前置きで褒めてから注意してみて。誰でも**褒められたら嬉しい**よね。そうやって、一度ハッピーな気持ちにさせてから伝えると、人は素直に相手の意見を受け入れられるよ。

前置きをつけてみよう

どんな前置きのパターンがあるのか、一緒に考えてみよう。

いつも宿題を手伝ってくれるから
助かってるんだけど（前置き）
ゴミはちゃんと分別した方が
いいと思うな（伝えたいこと）

とても尊敬してるんですけど
（前置き）
信号はちゃんと守った方が
いいと思います（伝えたいこと）

いつもステキだなと
思ってるんだけど（前置き）
そのクッキー、食べすぎじゃない？
（伝えたいこと）

豆知識

先輩に物申す時、芸人さんは「先輩にとても憧れてるんですけど、今日は一言だけ言わせてください」と前置きしてから伝えているよ。こうやって、**相手に不快な思いをさせるのを避けている**んだね。

自分の意見を伝える！
3
前置きで準備してもらおう

今日の給食美味しかったよね～
カレーっていつ食べても美味しいよね！
カレー大好き！
ねぇ！
好きな人いる？
ずいっ
LOVE
な、なぜこのタイミングでそんなこと聞いてくる…
ドキドキドキドキドキ
倒れなくても…
バタン
で、好きな人は？

前のページで、言いにくいことを伝えるための前置きを紹介したけど、**前置きには別の使い方**もあるよ。

ねぇ、好きな人いる?

え?

「好きな人いますか?」とか「年齢はいくつですか?」とか、急に聞いたら失礼になるかもしれない質問ってあるよね。
じゃあ、知りたいことがあっても聞いてはいけないのかっていうと、そうでもないよ。
聞き方を工夫すれば、聞いても大丈夫。

答えにくい質問するけど、好きな人いる?

エヘヘ…実はね

こんな風に前置きすると、急に聞いた時と比べて、失礼な感じがしないよね。なぜなら、「答えにくい質問をする」と予告することで、相手に「失礼な質問がくるのかな？」と**心の準備をしてもらえる**からだよ。
さらに、前置きによって「この質問は失礼だと分かっています」と匂わせているから、**常識がない失礼な人間ではない**というアピールにもなるんだ。

やってみよう

■ 前置きを考えてみよう

他にも色々なパターンの前置きがあるよ。

言いたくなかったら、言わなくてもいいんだけど～

こんなこと聞いたら、ダメかもしれないけど～

こんなこと聞いたら、失礼になるかもしれないけど～

しばニャンからのお話

世の中の常識をアップデートしよう

こういった**前置きを作れるようになるには、常識が必要**だよ。例えば、「初対面で年齢を聞くのは失礼になる」という常識がなければ、「失礼になるかもしれないけど～」という前置きは作れないよね。つまり、世の中的に「何が失礼になるのか？」を理解しなきゃいけないんだ。

また、**常識は時代によって変化するもの**と知っておく必要もあるよ。しばニャンの時代には、先生が生徒に体罰することがあったんだけど、今の時代は先生が生徒に体罰しちゃいけないのは、常識になってるよね。だから、つねに常識をアップデートしていく意識を持とう。

常識の学び方は色々あるけど、一番オススメなのは**ニュース記事を読むこと**。そうすれば、世の中の常識がどういう変化をしているか、いち早く知れるはずだよ。

自分の意見を伝える！
4
否定する時は一度意見を受け入れよう

これから家でゲームしない？
スタッ
しょうがないな～ 俺様もゲームに付き合ってやるよ
イジワル団 ジャマシロウ
ぐいっ
確かにそれもいいね！
楽しそう！
でもさ、明日はテストだよ
今日は帰って勉強した方がいいんじゃない？
確かにそうだよね～
じゃあゲームは明日にしようか
そうしよう そうしよう！
ポツン…
えーっと…俺様のこと忘れてない？

人の意見を否定しないといけない場面ってあるよね。そんな時に、何も考えないで否定すると、空気が悪くなっちゃうかもよ。

みんなで外に遊びに行こうよ

雨降りそうだから、室内で遊んだ方がいいでしょ

ムカつく

例えば、「外で遊ぼう」って誘われた時に「イヤだ! 室内で遊ぼうよ」と断っちゃうと、相手はイヤな気持ちになるよね? キミだって、自分の意見をこんな風に否定されたら、きっと**自分まで否定されたような気分**になるはずだよ。だからこそ、否定する時には、きちんと**相手の気持ちを考えることが大切**なんだ。

みんなで外に遊びに行こうよ

いいね〜楽しそう! でも雨が降りそうだから、室内で遊んだ方がいいんじゃないかな?

確かにそうだね、そうしよう!

このように、相手の意見を一度受け入れてから自分の意見を言うと、**相手は「自分の意見を受け入れてくれた」と思える**から、納得しやすくなるよ。こんな簡単なことでそんなに変わる? って思うかもしれないけど、これができる人とできない人では、大きな差が生まれるから、ぜひ意識してみてね。

練習問題

じゃあ、一度受け入れてから断る練習をしてみよう。

Q 今日はみんなでゲームしようよ

回答例

A ゲームいいね〜でも今日は天気がいいから外で遊ばない?

誰も否定されない優しい空気を作る

しばニャンからのお話

話し合いの時も、人の意見を一度受け入れてから否定すると、参加している全員が否定されることを恐れず、意見できるようになるよ。誰だって、きちんと**意見を受け止めてくれたら嬉しい**よね。だから、否定されることが怖くなくなるんだ。そういう話し合いができれば、素晴らしいアイデアがどんどん生まれるはずだよ。

しばニャンも、芸人さんにアドバイスする時は、必ず**褒めてから直した方がいいところを伝える**ようにしているよ。そうすると、ダメなところを素直に受け入れてくれるんだ。

伝え方って
本当に
大事だね

否定する時は一度意見を受け入れよう

自分の意見を伝える!
5
僕達・私達で注意しよう

昨日さー
はははは!
ねえねえ、他の人の邪魔だから1列で歩こうよ
うるさいなー
別にいいじゃん
みんな!
え?
あ
僕たち邪魔になってるっぽいから、1列になった方がいいかも
よし! じゃあ縦シフトで歩こう!
サッ
こういう時は僕達、私達で伝えるといいよ
コソコソ
なるほどね メモメモ

大人数に注意するのって難しいよね。キミはどんな風に注意しているかな？

ちょっと、みんな静かにしようよ！

何だよあいつ、うるせーな

例えば、自分達のグループがうるさくして、周りの人に迷惑をかけていると感じた時、「みんな静かにしようよ」と注意して、雰囲気が悪くなった経験はないかな？　自分以外が迷惑をかけたんだから、こういう伝え方になる気持ちも分かるよ。でも、そこをグッと我慢して、**自分を含めた表現で注意する**と、注意された側のキミへの印象が変わるはず。

みんな、僕達うるさすぎるから、静かにした方がいいと思うよ

たしかに、僕達うるさすぎるよね！

こんな感じで、「僕達」と自分を含めた表現を使うと、**相手も受け入れやすくなる**んだ。自分を含められそうな時は、この方法を使ってみてね。無理そうな時は、P86～の［**注意する時は自虐を交えよう**］がオススメだよ。

このクラス、うるさいって思われるから静かにしようよ

もっとやってみよう

注意する人数が多い場合は、クラスでまとめちゃってもOK。問題なのは、**自分を含めているかどうか**だよ。

自分の意見を伝える！
6
立場を変えて怒りを表現しよう

給食の時間
カレーおいしそ～
ニョキ
イジワル団イタズラオ
ヒョイ
ウヒヒ、好物のゼリー発見！盗んじゃうぞ
ゼリー盗むって？
ピキ
ドキ
私が犬だったら、噛みついちゃうよ！
ガブー
ギャー
いてて、いてて！ごめんなさーい！
夜のお風呂タイム
ウヒヒ、お風呂のお湯を水に変えてやろう
サッ
キュッ
ドボボボ
お湯を水に変えるって？
ピキ
今が江戸時代だったら、刀を抜いてるな！
カー
ヒー！もうしませーん！

イヤなことをした人を怒りたいけど、怒れない人はいないかな？

そんなことしたら、怒るよ!

なんでだよー

怒れない理由は、「怒るのは恥ずかしい」「怒って空気を壊したくない」と考えているからだと思うんだよね。確かに、怒るのは良くないけど、**相手に「イラッとしたよ」というメッセージを伝える**のは、とても大事。そうすれば、相手が「あれ？　ちょっと失礼な発言だったのかも…」と気づいてくれるかもしれないからね。そんな時に使ってほしい**怒りをマイルドに伝える方法**を紹介するよ。

僕が警察官だったら逮捕してるよ!

え〜逮捕されたくないよ〜

それは、立場を変えて怒りを表現するという方法。こんな感じで、自分とは立場が違う警察官として注意すると、怒っているのは警察官、つまり**自分以外の人みたいに聞こえる**から、自分の怒りをマイルドに伝えられるよ。

ポイント

「〇〇だったら〜〇〇する」で考えてみる

やってみよう

他の立場を考えてみよう

他のパターンもチェックして、理解を深めていこう。

もっとやってみよう

別の人になりきって考えてみよう

最後に応用編を紹介するよ。

友達が落ち込んでいるから励ましたいけど、良い言葉が思いつかない時は「あの優しい友達なら、なんて言うだろう？」と考えてみよう。自由研究を何にするか悩んじゃったら「あの面白い子だったら、どんなアイデアを出すかな？」と考えてみて。

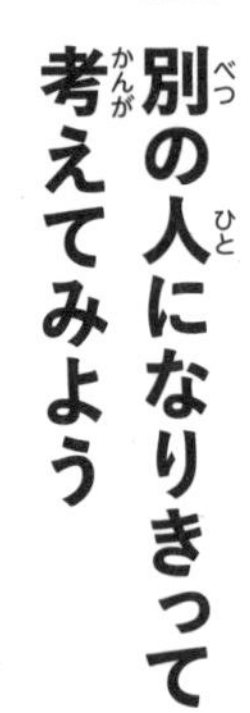

他の人になりきって考えると、**自分の引き出しにない言葉やアイデアが生まれる**ことがあるんだ。だから、行き詰まった時は色々な人になりきって、考えてみてね！

第5章

その他の色々なテクニック

知ってると得する!
1
新しい環境で友達を作る方法

クラス替え初日
はじめまして、僕はお菓子が好きなんだけど、お菓子好き？
俺もお菓子、大好き♡
ホント!? じゃあ、今度一緒に食べようよ
うん♪
昨日コンビニで偶然○○に会っちゃってさ
ふ～ん、そうなんだ
そうなんだ
ウケるー
うふふ
笑うところか…
その服カワイイですね～どこで買ったんですか？
駅前にあるお店で買いました
もしかして、そのお店って××じゃない!?
私もよく行くんだ～！

～友達を作る方法①～
共通点を探す

クラス替えなど環境が変わるタイミングって、馴染めるのか不安になるよね。でも「誰かがいつか自分に話しかけてくれるはず」なんて**人任せにしちゃダメ**だよ。

はじめまして

こんにちは

僕はカードゲームが好きなんだけど、キミはカードゲームとか好き?

僕もカードゲーム好きだよ

ほんと? じゃあ今度一緒にやろうよ!

いいよ!

知らない人と話す時は、まずは**共通点を探そう**。知らない人との会話を盛り上げるためには、まずはキミ自身が楽しく話せないとダメだよね。だからキミが楽しくなるために、**自分が好きなものを相手も好きかどうか聞いてみよう**。
こんな風に、自分の好きなものを相手に教えた上で、相手の好きなものも知ることができたら、一気に距離が縮まるはず。

共通点を探すコツ

共通点を探すポイントは、**ジャンルで質問する**こと。
例えば、「アニメの○○が好き?」とピンポイントで聞いちゃうと、相手は「好き」か「好きじゃない」しか返せないよね。そうならないためにも、「アニメ好き?」とジャンルで広く聞くことが大事なんだ。この質問の仕方なら、相手も「アニメなら、○○っていう作品が好きだよ」と返せるからね。

～友達を作る方法②～

同じポイントで笑う

この間、こんなことがあって、笑っちゃったよ、あはは!!

そうなんだー!　あはは

続いては、**同じポイントで笑う**ことだね。面白いことは場所によって変わるんだ。例えば、キミの友達と家族では、笑いのツボが全然違うはずだよ。つまり、**グループが変わると面白いことも変化する**ものなんだ。だから、新しいグループでは「このグループはどんなことで笑うんだろう?」と意識してみよう。そして、それが理解できたら、できるだけみんなと同じポイントで笑ってみて。そうすれば、短期間で仲良くなれるはずだよ。

同じところで
笑って
仲間意識を
高めようね

豆知識

アメリカの大学が「おしゃべりの内容よりも、**笑い合う回数が多い方が親密度や好感度が上がる**」という研究結果を発表しているよ。

～友達を作る方法③～
リアクションの時だけ友達言葉を使う

その服、どこで買ったんですか?

駅前のお店です

駅前なんだ! すごく似合っていますね～

最後のコツは、**友達言葉はリアクションの時だけ使う**だよ。仲良くなりたい時に、すぐに友達言葉で話してしまう人っているよね。子どものうちはいいけど、大人になると、「失礼なやつだな」と思われてしまうよ。だけど、ずっと遠慮していると仲良くなれないよね。だから、友達言葉はリアクションの時だけにしよう。そうすれば、それほど失礼でもなく、**相手との距離をグッと縮めることができる**よ。

仲良くなる能力はキミの助けになる

「誰かがいつか自分に話しかけてくれるはず」と人任せにするのが良くないのは、何でだろう?

それはね、人任せにばかりしていると、自分の力で友達を作れない人になってしまうからなんだ。これからキミは、どんどん新しい環境に飛び込んでいくことになる。例えば、進学した時や、会社に就職した時とかだね。そういう時には、必ず**仲良くなる能力が必要**になってくるよ。

だから、**自分から積極的に友達を作ること**に慣れておいてほしいんだ。きっと、その能力はキミの人生に大きなプラスを生むことになると思う。この3つのテクニックを使えば、新しい環境でもへっちゃらなはずだから、試してみてね!

初対面の人と話しやすくなる方法

初対面の人との会話が盛り上がらなかった経験ってないかな？ その原因の多くは、**会話のハードルを上げすぎている**せいだよ。

（盛り上げなきゃ…）どの辺に住んでるんですか？（これは話す意味があるよな？）

川の向こう側です。キミは？
（私も意味のあること質問しないと…）

初対面の人との**会話を盛り上げようとするのは、とても良い意識**。でも、会話中に（この話はつまらないかな？　意味ない話だから止めておこうかな？）と言葉を選んでしまうと、相手にも緊張が伝わってしまって、お互いに固い会話しかできなくなっちゃうよ。

今日来る途中に見た猫が、すごく可愛かったんですよ

猫って可愛いですよねー！
私もいつか飼いたいと思ってるんです♪

キミが仲の良い友達や、家族と話す時は「盛り上げなくちゃ」なんて考えずに、**自然体で話している**と思うんだ。その方が会話って盛り上がったりするんだよ。
だから、初対面の人とも、まずは意味のないことを気楽に話してみよう。そうすると、自然と会話のハードルが低くなって、お互いに何でも話しやすくなるはずだよ。

やってみよう

意味ない話を考えてみよう

意味ない話には、こんなのがあるよ。参考にしてみてね。

今日は暑いな〜
こんな日って、
アイス食べたく
ならない?

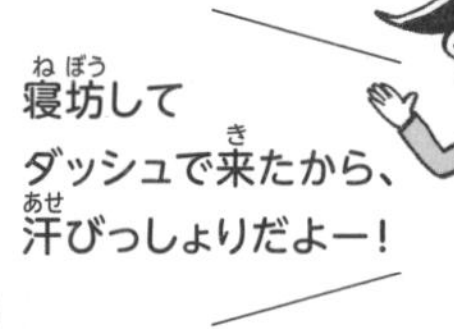

寝坊して
ダッシュで来たから、
汗びっしょりだよー!

このパーカー、
お気に入りなんだ〜

意味ない話をする時のコツ

あまりにも意味のない話ばかりしていたら、「この人って中身ないの?」と思われちゃう可能性があるよ。だから、**意味のない話は、たまに織り交ぜるぐらい**にしてね。

会話のハードルをどんどん下げよう

ある会議で、偉い人が何も考えてない様子で、アイデアをポンポン出していたんだ。でも、そのアイデアは、そんなに良いものではなかったんだよ。だから不思議に思って、会議が終わってから「なんで、考え抜いた最高のアイデアを言わなかったんですか?」って質問してみたんだ。

そしたら、偉い人はこう答えたよ。「立場の強い僕が良いアイデアを出したら、ハードルが上がって、みんなアイデアを出しにくくなる。だから、**あえてつまらないアイデアをどんどん言う**んだ。そうすると、みんな『こんなアイデアを出してもいいんだ』と思えるから、会議が活発になるんだよ」って。

こんなに、みんなのことを考えて行動できるなんて、すごい人だよね!

便利なフリオチを使ってみよう

芸人さんが笑いを取るのが上手なのは、**フリオチという技術**を使いこなしているからだよ。キミもフリオチをマスターしよう!

私、高級なお菓子が大好きなの
(前置き=フリ)
どんなお菓子が好きなの?
駄菓子(結果=オチ)
安いじゃん(笑)

お笑い用語で、**前置き(フリ)と結果(オチ)を逆にすることをフリオチという**よ。こんな風に、「高級なお菓子が好き」と宣言したのに、最終的に「安いお菓子」を言うことで、**意外性を作って面白くする**んだ。
芸人さんだけが使える難しい技術だと思われがちだけど、慣れれば誰でも使いこなせるようになるよ。キミも普段の会話の中で活用してみよう。

豆知識

「池に落とさないで」と言う芸人さんの背中を押して、池に落としてしまう定番の流れも、実はフリオチになっているんだ。「池に落とさないで」がフリ、「池に落ちてしまう」がオチだね。

練習問題

ちょっと理解できたと思うから、問題に挑戦してみよう！

まずは空欄に入るオチを考えてみよう。

Q1
昨日はあんまり寝られなかったんだ〜
▽何時間寝たの？→［　　］

Q2
昨日の夕飯は、ものすごい豪華だったよ
▽何食べたの？→［　　］

Q3
僕お腹いっぱいだから、あんまり頼まないでおくよ
▽何注文するの？→［　　］

回答例
A1　20時間
A2　もやし炒め
A3　ご飯大盛りのハンバーグセット2個

逆に**オチからフリを考えられる**かな？　伝えたいことからフリを作れるようになれば、どんどん笑いを取れるようになるよ。

Q4
「疲れた〜！」が面白くなるフリは？

Q5
「財布の中身が5円しかない」が面白くなるフリは？

Q6
「テストで0点だったからね！」が面白くなるフリは？

回答例
A4　昨日いっぱい寝たから、元気いっぱい
A5　今日はめちゃくちゃお金持ちなんだ
A6　僕って天才だよ

知ってると得する!
4

人前で上手に話す方法

運動会
選手宣誓ー!
僕たちはこれまで一生懸命に練習してきた成果をここで発揮して…
ペラ
アセ
ペラ
アセ
アセ
アセ
ペラ
何て言ってるの?
早口すぎて聞き取れないよね
ざわざわ…
はっ
落ち着くんだ! みんなジャガイモだよ!
バーン
僕たちは!
これまで一生懸命!
サンキュ!!
ビシッ

人前で話す時って緊張するよね。残念ながら、緊張しなくなる方法はないんだけど、**緊張しながらでも上手く話せる方法はある**よ。

高い声で速く話す

授業中、先生に指されて立って話す時、みんなの視線が自分に集まるのを感じて頭が真っ白になったことないかな? 人は緊張すると、**声が高くなって話すテンポが速くなる性質がある**んだ。よく思い返してみると、緊張している人は、早口だったり、声が裏返ったりしているはず。
そんな話し方になっちゃうと、聞いている側は**内容が聞き取りにくい**だけじゃなくて、「あの人、明らかに緊張しているけど、大丈夫かな?」って**心配になってしまう**よ。そんな状態で話の内容がきちんと伝わるわけないよね。

低い声でゆっくり話す

反対に、低い声でゆっくりと話すと、実際にはそうじゃなくても、**落ち着いて堂々としているように見える**よ。そうすると、聞いてる人は**安心して話に集中できる**から、人前で話す時は、声を低くすること、話す速度をゆっくりにすること、この2つを意識しようね。

前置きで話に引き込もう

話し上手な人の話し方って、なぜか引き込まれるよね。話に引き込むのが上手くなると、**自分の思いが伝わりやすくなる**よ。

怖い先生の授業は「怒られるかも」と考えてしまうので、集中できません。だから、先生は優しい方がいいと思います。

話し上手な先生の授業は集中しやすいけど、話し下手な先生だと集中できなくて眠くならない？　話に引き込める人と引き込めない人では、聞き手への話の伝わり方が大きく変わってしまうよ。どうせなら、**自分の話はきちんと相手に届いてほしい**よね。この例みたいに、自分の言いたいことをそのまま言うだけだと、**聞き手への引っかかりがない**から、聞き流されてしまうことが多いよ。

怖い先生の授業に集中できなかった経験、ないですか？　怖い先生の授業は「怒られるかも」と考えてしまうので、集中できません。だから、先生は優しい方がいいと思います。

じゃあ、どうすればいいんだろう？　簡単に話に引き込むには、こうして、前置きで**本題に関連する出来事**を話して共感してもらおう。これをやってから本題を話すだけで、**話がずっと届きやすくなる**よ。

練習問題

じゃあ本題から、前置きを考えてみよう。

Q

クレープは作るのも楽しそうなので、今度のお祭りでクレープ屋さんをやりたいです！

回答例

A

お祭りでクレープ屋さんを見つけて、ついつい買ってしまった経験はないですか？　クレープは作るのも楽しそうなので、今度のお祭りでクレープ屋さんをやりたいです！

話が上手な人の特徴

話が上手い人は、こんなところに気を遣って話しているよ。

- **小さな声や大きな声を使い分ける**
- **話すスピードを速くしたり遅くしたりする**
- **間を使う**

これらを使いこなすと話に引き込めるようになるんだけど、正直なところ、すぐにマスターできる簡単な技術ではないんだ。でも諦めないで!まずは、前置きで共感を得ることからスタートしてみようね。

マウントを取られた時は下を取ろう

友達に自慢された時に、対抗意識を燃やして「自分の方がすごい!」とアピールしてないかな? そういう行為のことを**マウントを取る**というよ。

新しい服を買ってもらったんだ

私は服も靴も買ってもらったよ!

もし、よくマウントを取っているなら、止めた方がいいよ。はっきり言って、**マウントを取る人は嫌われる**から。
例えば、キミが「服を買ってもらった」と話した時に、「私は服も靴も買ってもらった」と、もっとすごいことを返されたら、どう思う? イヤな気持ちになるよね。

新しい服を買ってもらったんだ

すごい! 私なんて、お姉ちゃんのお古ばっかりだよ(笑)

だから、友達が自慢してきた時はマウントを取らずに、**逆マウントを取る**ようにしよう。
逆マウントは**相手の自慢に対して自虐をすること**。自慢に自慢をぶつけるとイヤな人に見られるけど、自慢に対して自虐すると**余裕のある人**に見せることができるよ。また、それだけじゃなくて相手の自慢の後に自虐をすると、**笑いも取りやすくなる**んだ。

自虐のコツ

自虐すると笑いが取りやすくなるのは、何でだろう？　少し解説すると、本来、自虐では自分のみっともない話をして笑いを取るんだけど、相手の自慢の後にすると、その**みっともなさがパワーアップして感じられる**から、さらに面白くなるんだよ。
でも、**軽い自虐**じゃないと笑いが取れないから注意してね。例えば、「昨日は40度の高熱が続いて、ご飯が全然食べられなかった」なんて言うと、聞いた人は「かわいそう」って思っちゃうよね。だから、**人が心配にならないぐらいの自虐**をするように心がけよう。

豆知識

芸人さんは誰かが自慢した時は、ここぞとばかりに自虐をして笑いを取るんだ。それは、自分が「すごい!」と思われることより、**人を笑顔にすることの方が大事**だと思っているからだよ。ステキな考え方だね。

ちょっと休憩！

しばニャンのワンポイント講座

悩んだ時は自分を振り返ってみよう

下の年表は、しばニャンのこれまでの人生の歩みだよ。こうやってみると、しばニャンはプロ野球選手やお笑い芸人など、諦めた夢がたくさんあるんだ。でもね、そのひとつひとつの挑戦は、決して無駄にはなっていないんだ。

プロ野球選手を目指したから、自分が怖がりな性格だって分かったよ。それだけじゃない。お笑い芸人を目指したから、自分が「人を笑顔にすることが大好き」なんだって分かったんだ。

夢を諦めることになった時は悲しい。しばニャンもそのたびに、悲しい思いをした。

でもね、今なら言えるよ。**前を向いて歩き続ければ、**

1986年（0歳）　兵庫県尼崎市で生まれる

1994年（8歳）　漫画に影響されて、プロ野球選手になることを決意する

1999年（13歳）　野球部に入るが、ボールが怖くて**プロ野球選手になる夢を諦める**

2001年（15歳）　人を笑わせるのが好きなことに気づく

2003年（17歳）　お笑い芸人のネタを見たことがきっかけで、お笑い芸人になることを決意する

2004年（18歳）　お笑い芸人になりたいと親に言ったが、猛反対されて諦める

2007年（21歳）　やっぱり夢を諦められず、大学をやめてお笑いの養成所に行く

2009年（23歳）　お笑い大会『キングオブコント』で準決勝まで進む

その経験は絶対に無駄にはならない。

だから、キミの人生で何か上手くいかなかったとしても、必ずまた立ち上がってほしい。しばニャンも立ち上がったんだもん。キミなら、きっと立ち上がって人生を歩んでいけるはずだよ。

また、何か夢を見失った時は、**なぜその夢を目指したのか**を考えてみて！　そうすればキミの**核となるもの**が見つかるかもしれない。

しばニャンは「なぜお笑い芸人になったのか？」と真剣に考えた時に、「人を笑顔にしたいから」だって気づいたんだ。だから、仕事が変わっても、今も変わらず「人を笑顔にするために生きていくこと」ができているんだよ。

キミも進路に悩んだ時は、自分の人生を振り返って考えてみてね。そこに大切なヒントがあるはずだよ。

2010年(24歳)　相方と解散するが、同年に違う人とコンビを組む

2011年(25歳)　別のコンビで、再び『キングオブコント』の準決勝に進む

2018年(32歳)　色んなコンビを組んだけど、**お笑い芸人の道を諦める**　お笑いに携わることを仕事にしたいと思い、ネタ作家として芸人さんのサポートを始める

2019年(33歳)　SNSを活用して、お笑いの技術を一般の人に伝え始める

2022年(36歳)　SNSの活動に注目した出版社の人に誘われて、1冊目の本を出版する

2023年(37歳)　大学や企業で講演をするようになる

2024年(38歳)　今ここ！

おわりに

いつものようにSNSでたくさんの人にお笑いの技術を伝えていた時に、こんな相談を受けたことがあるんだ。

「学校でゴリラって言われて、苦しいです。どうすればいいですか？」

僕はその相談に、**お笑いの技術を活かしたアドバイス**をしてみた。

「じゃあ、ゴリラって言われた時に『ゴリラじゃない、ゴリィィィラや！』って、返してみるのはどう？」

すると後日、相談をしてくれた子がこんな報告をくれたよ。

「今日学校でやってみたら、笑いが起きました！　ありがとうございます！」

それは僕の中で、思わずガッツポーズをするほど嬉しい出来事だったし、この本を作ろうと思った大きなきっかけの1つになったんだ。

もしかしたら、僕が知っているお笑いの技術を使って、コミュニケーションで悩んでいる子どもたちを救うことができるかもしれない。

そう思った僕は「子どもでも使えるお笑いの技術には、どんなものがあるだろう？」と、たくさん考えるようになったんだよ。

そしてついに、その集大成といえるこの本が完成した。

僕はね、**コミュニケーション能力は、必ず人生の大きな財産になる**と思っているんだ。

例えば、お笑い芸人さんは人を笑わせることで仕事をもらっているし、他のお仕事でも、お客さんや取引先と上手くコミュニケーションが取れたら、次の仕事に繋がりやすくなったりする。また、イヤなことをお願いされた時だって、空気を壊さない断り方ができるようになれば、自分自身も笑顔で楽しく過ごしていけると思わない？

つまり、コミュニケーションで周りの人を笑顔にできれば、**自分自身も笑顔になれて、人生が豊かになる**んだよ。

それってちっぽけなことのように感じるけど、実はとっても大切なことだと思う。だから、僕はこれからもたくさんの子どもたちに、お笑いの技術を教え続けていきたいと思っているよ。

この本を最後まで読んでくれたキミ。

これからの人生では、辛いことや悲しいことが起こるかもしれない。でも、それ以上に**楽しいことも嬉しいことも待っている**よ。僕としばニャンは、いつだってキミの味方だってことを忘れないでね。キミが笑顔で幸せに生きていけることをずっとずっと願っているよ。では、またね～!!

芝山大補

著者
芝山大補（しばやま・だいすけ）ネタ作家・お笑い講師
1986年兵庫県生まれ。2007年、NSC大阪校に入学。2009年、2011年にはキングオブコント準決勝進出。2015年にはフワちゃんとのコンビを結成。同コンビを解散後は、ネタ作家に転身。賞レースのファイナリスト、セミファイナリストなど、芸人300組以上のネタ制作に携わる。2019年からは「笑いの力で人間関係に悩む人を救いたい」という想いから、お笑いの技術を言語化して伝える「笑わせ学」に取り組む。2022年にダイヤモンド社から初著書『おもろい話し方 芸人だけが知っているウケる会話の法則』を出版。現在は、大学や企業で講演を実施しており、多くの人に芸人のコミュニケーション技術を伝えている。

漫画・イラスト　オオタ ヤスシ
ブックデザイン　新井 大輔・八木 麻祐子（装幀新井）
本文DTP　茂呂田 剛・畑山 栄美子（有限会社エムアンドケイ）
企画編集　藤井 千賀子（オフィス・ジータ）
校閲　毛利 瑤子
販売促進　江口 武

お笑い芸人が教える
みんなを笑顔にしちゃう話し方

2024年2月26日　第1刷発行
2024年9月 6日　第2刷発行

著　者　芝山 大補
発行者　永松 武志
発行所　えほんの杜
〒112-0013 東京都文京区音羽2-4-2
TEL 03-6690-1796　FAX 03-6675-2454
https://ehonnomori.co.jp
印刷製本　株式会社シナノ パブリッシング プレス

ISBN 978-4-904188-75-0　Printed in Japan